Souvenir du 14 juillet 1880

TROIS DATES

Fête Nationale du 14 juillet 1880
Le 14 juillet 1789 : Prise de la Bastille (Évolution.
Révolution. — La Révolution française. —
Prise de la Bastille)
Le 14 juillet 1790 : Fête de la Fédération.
Conclusion.

Par Paul BERNE

Prix : **25** centimes

LYON
IMPRIMERIE MÉNABŒUF-GENIN
22, Place Bellecour, 22

1880

TROIS DATES

Fête Nationale du 14 juillet 1880
Le 14 juillet 1789 : Prise de la Bastille (Évolution,
Révolution. — La Révolution française. —
Prise de la Bastille)
Le 14 juillet 1790 : Fête de la Fédération.
Conclusion.

PAR PAUL BERNE

Prix : **25** centimes

LYON
IMPRIMERIE MÉNABŒUF-GENIN
22, Place Bellecour, 22

1880

A Monsieur Edmond ARNOUS RIVIÈRE,

rédacteur en chef de l'Impartial de Saône-et-Loire,

ex-directeur du Progrès *de Lyon.*

Mon cher ex-rédacteur en chef,

Permettez-moi de vous dédier ces quelques pages comme témoignage de la profonde sympathie, du respect cordial que vous m'avez toujours inspirés, et aussi en reconnaissance de vos excellents conseils, de votre loyale direction.

Elles sont hâtivement écrites....., mais je sais que toute votre indulgence m'est acquise.

PAUL BERNE,

ex-rédacteur du Progrès.

Lyon, le 15 juillet 1880.

FÊTE NATIONALE

du 14 juillet 1880

Voici bientôt dix années que le gouvernement de la France s'appelle la République. Nous ne reviendrons pas sur les tristes événements qui ont signalé cette période de transition, trop longue en vérité. Au milieu des luttes des partis, un travail d'élimination, toujours pénible et souvent détruit, s'est poursuivi de 1870 à 1880. Des revenants surgissaient de côté et d'autre, lesquels tentaient soit de reconquérir le pouvoir perdu, soit d'entraver l'émancipation du peuple respirant, pour la première fois depuis longtemps, un air pur, une brise intermittente d'espérance et de liberté. Légitimistes et bonapartistes étaient et sont d'accord pour ressaisir le gâteau ; mais au partage commence la brouille. Chez ces hommes, il n'a jamais existé — on l'a bien vu — que l'ambition personnelle : peu leur importent les intérêts du pays.

Enfin, malgré eux, le travail d'élimination

dont nous avons parlé approche de son terme ; et, si tous les *desiderata* d'un régime vraiment républicain ne sont pas encore satisfaits, le principe néanmoins repose sur des fondements immuables que protégent les lois et la Constitution. Nul doute qu'il n'y ait encore beaucoup à faire pour organiser d'une manière radicale, conforme aux exigences de la Nation et du nouveau système de gouvernement, et la magistrature, et les administrations, et l'enseignement, et la législation industrielle, douanière ou commerciale, et les rapports de l'Etat avec les cultes. Ici qu'on nous permette une remarque nécessaire : pour les esprits sains, *organiser* n'est pas synonyme de *réorganiser*. Tous ces fameux projets de réorganisation sociale, économique ou politique, dont des gens à idées préconçues ou à instruction trop peu développée ont leurré les imaginations enthousiastes, ne disent, ne donnent rien qui vaille.

Comprise dans n'importe quel sens, l'organisation se transforme : c'est là une vérité acquise. Mais le temps est un élément nécessaire pour cette évolution particulière, ainsi qu'il l'est du reste pour toute évolution ; de manière que l'on s'explique facilement la lenteur des progrès accomplis depuis dix ans. Il faut aussi porter en ligne de compte et les hostilités entretenues par nos ennemis politiques, et les craintes et les tâtonnements de nos amis eux-mêmes.

La France peut néanmoins jeter un coup-d'œil de fierté et de satisfaction sur le chemin parcouru, se réjouir de cette renaissance politique. A pareille heure, elle se demande quels hommes et quelle époque ont le plus droit à sa gratitude pour avoir contribué à son relèvement. Une réflexion subite se dresse alors devant l'esprit ; un souvenir vivace, ineffaçable, se présente comme réponse péremptoire et glorieuse à cette légitime interrogation : chaque citoyen évoque les ancêtres de la Nation et les combattants de 89 aux Etats généraux, à la Constituante apparaissent comme les initiateurs de ce mouvement d'émancipation progressive si souvent comprimé et interrompu, mais tôt ou tard victorieux des obstacles de la route. A eux donc une part grande, opportune dans notre reconnaissance. Unissons ces champions de la liberté dans le passé aux fondateurs de la liberté dans le présent.

Voici bientôt dix années, écrivions-nous plus haut, que le gouvernement de la France s'appelle la République. Et les citoyens de cette République n'avaient pas encore songé à relever, ou plutôt n'avaient pas encore rétabli le culte de leurs aïeux. Est-ce que près d'un siècle suffirait à éteindre en nos âmes les souvenirs, immortels pourtant, de la première Révolution ? Non certes.

Nous sommes presque arrivés à la fin d'une étape décennale ; et c'est avec orgueil, en toute légitimité, que nous pouvons et devons célébrer les progrès accomplis, par une pensée donnée aux hommes de la fin du XVIIIe siècle. Les représentants du pays ont compris la nécessité d'une Fête Nationale annuelle, où règneraient sans partage, en s'identifiant l'un à l'autre, d'une part un sentiment de bonheur chez le peuple rendu à lui-même, d'autre part un sentiment d'admiration pour ceux qui les premiers ont brisé les chaînes d'une antique servitude.

Rois et empereurs instituèrent en tous lieux et en tous temps des fêtes publiques. Jamais ce ne furent des fêtes nationales, et généralement elles ne devaient servir qu'à détourner des préoccupations politiques la masse des citoyens.

La France ne croit pas au « *Panem et circenses* ». La France s'est fêtée elle-même :

le 14 juillet 1789 fut le jour de sa première libération sociale.

Elle vient de la célébrer dignement et avec une grandeur éclatante qui a dû égaler la majesté des plus beaux jours de la Fédération.

Mieux que jamais, nous nous sommes sentis revivre ; et à travers les villes pavoisées aux couleurs nationales, autour des monuments publics et des anciens palais illuminés en l'honneur du peuple, dans les rues regorgeant d'une foule qui manifestait pour la liberté, il a passé ce puissant souffle d'enthousiasme qu'émirent les premiers nos pères de la Révolution.

Paris, Lyon, tout le territoire français sont encore émus de ces acclamations patriotiques, de ces réjouissances sans arrière-pensée. Et ce qui donne à la Fête du 14 un caractère encore plus auguste, c'est le calme extérieur qui n'a cessé de régner en chaque endroit, depuis la capitale jusqu'à la plus petite commune. A Nîmes, seulement, la réaction est parvenue à fomenter quelques désordres : on en fera justice.

Oui, ce calme extérieur répond bien au calme intérieur des esprits ; il provient de la confiance que donne au citoyen la stabilité assurée de la République. Nos adversaires redoutait ce calme plus que la lutte : car une telle attitude de la nation montre clairement que la lutte est finie.

Donc, en choisissant cette époque, nos députés et nos sénateurs ont vu juste. Partout, d'ailleurs, il y avait unanimité à cet égard.

Les deux Chambres ont répondu aux vœux de la nation. L'enthousiasme universel qui régnait le 14 juillet 1880 fera oublier la fête quasi anodine du 30 juin 1879. C'est que la première de ces deux dates possède une signification, — tandis que la seconde n'en avait aucune.

M. Henri Martin, rapporteur de la commission nommée par le Sénat à l'effet de procéder à cette détermination, l'a montré avec toute l'évidence, toute la chaleur que l'on pouvait attendre de l'auteur d'une de nos histoires les plus patriotiques et les plus vraies.

Voici le texte de son rapport :

MESSIEURS,

Le Sénat a été saisi d'une proposition de loi votée, le 10 juin dernier, par la Chambre des députés, et d'après laquelle la République adopterait la date du 14 juillet comme jour de fête nationale annuelle.

La commission, qui m'a fait l'honneur de me nommer son rapporteur, a délibéré sur le projet de loi dont vous avez bien voulu lui confier l'examen.

Deux de nos collègues ont combattu, non la pensée d'une fête nationale, mais la date choisie pour cette fête. Ils ont proposé deux autres dates prises dans l'histoire de la Révolution, et qui, toutes deux, avaient suivant eux, l'avantage de ne rappeler ni luttes intestines, ni sang versé. L'un préférait le 5 mai, anniversaire des Etats généraux en 1789 ; l'autre recommandait le 4 août, dont la nuit fameuse est restée dans toutes les mémoires.

La majorité, composée des sept autres membres de la commission, s'est prononcée en faveur de la date votée par la Chambre des députés. Le 5 mai, date peu connue aujourd'hui du grand nombre, n'indique que la préface de l'ère nouvelle : les Etats généraux n'étaient pas encore l'Assemblée nationale ; ils n'étaient que la transition de l'ancienne France à la France de la Révolution.

La nuit du 4 août, bien plus caractéristique et plus populaire, si grand qu'ait été le spectacle qu'elle a donné au monde, n'a marqué cependant qu'une des phases de la Révolution, la fondation de l'égalité civile.

Le 14 juillet, c'est la Révolution tout entière. C'est bien plus que le 4 août qui est l'abolition des priviléges féodaux ; c'est bien plus que le 21 septembre qui est l'abolition du privilége royal, de la monarchie héréditatre. C'est la victoire décisive de l'ère nouvelle sur l'ancien régime. Les premières conquêtes qu'avait values à nos pères le serment du Jeu de Paume étaient menacées, un effort suprême se préparait pour étouffer la Révolution dans son berceau ; une armée, en grande partie étrangère, se concentrait autour de Paris. Paris se leva, et, en prenant la vieille citadelle du despotisme, il sauva l'Assemblée nationale et l'avenir.

Il y eut du sang versé le 14 juillet : les grandes transformations des sociétés humaines — et celle-ci a été la plus grande de toutes — ont toujours jusqu'ici coûté bien des douleurs et bien du sang. Nous espérons fermement que, dans notre chère patrie, au progrès par les révolutions succède enfin le progrès par les réformes pacifiques.

Mais, à ceux de nos collègues que des souvenirs

tragiques feraient hésiter, rappelons que le 14 juillet 1789, ce 14 juillet qui vit prendre la Bastille, fut suivi d'un autre 14 juillet, celui de 1790, qui consacra le premier par l'adhésion de la France entière, après l'initiative de Bordeaux et de la Bretagne. Cette seconde journée du 14 juillet, qui n'a coûté ni une goutte de sang, ni une larme, cette journée de la grande fédération, nous espérons qu'aucun de vous ne refusera de se joindre à nous pour la renouveler et la perpétuer comme le symbole de l'union fraternelle de toutes les parties de la France et de tous les citoyens Français dans la liberté et l'égalité.

Le 14 juillet 1789 est le plus beau jour de toute l'histoire de France et peut-être de toute l'histoire. C'est en ce jour qu'a été enfin accomplie l'unité nationale, préparée par les efforts de tant de générations et de tant de grands hommes auxquels la postérité garde un souvenir reconnaissant. Fédération, ce jour-là, a signifié unité volontaire.

Elles ont passé trop vite, ces heures où tous les cœurs français ont battu d'un seul élan ; mais les terribles années qui ont suivi n'ont pu effacer cet immortel souvenir, cette prophétie d'un avenir qu'il appartient à nous et à nos fils de réaliser.

Votre commission, pénétrée de la nécessité de donner à la République une fête nationale ;

Persuadée, par l'admirable exemple qu'a donné le peuple de Paris le 30 juin 1879, que notre époque est capable d'imprimer à une telle fête un caractère digne de son but ;

Convaincue qu'il n'est aucune date qui réponde comme celle du 14 juillet à la pensée d'une semblable institution ;

Votre commission, messieurs, a l'honneur de vous proposer d'adopter le projet de loi voté par la Chambre des députés.

L'un de nos confrères avait pensé qu'il serait utile d'ajouter la qualification de légale à celle de Nationale, que la Chambre des députés a appliquée à la fête du 14 juillet, et ce afin de préciser les conséquences juridiques qui découleront de l'adoption de la présente loi.

Comme une fête consacrée par une loi est nécessairement une fête légale, votre commission a pensé que cette addition n'avait point d'utilité, et qu'il n'y avait pas lieu de modifier la rédaction qui suit :

ARTICLE UNIQUE

La République adopte le 14 juillet comme jour de fête nationale annuelle.

Le 14 juillet 1880, comme les années qui suivront, la France a donc été appelée à célébrer deux dates également glorieuses : le 14 juillet 1789, c'est-à-dire l'ouverture de la Révolution et **l'origine de la liberté**, — le 14 juillet 1790, jour de la **constitution de notre unité nationale**.

Aucun peuple ne peut revendiquer une fête patriotique aussi imposante, aussi légitime.

Le 14 Juillet 1789

PRISE DE LA BASTILLE

ÉVOLUTION — RÉVOLUTION

On n'a jamais exagéré l'importance qui s'attache à la prise de la Bastille. De toutes les dates historiques, le 14 juillet 1789 est la plus grande ; cela dit non pour la France, non pour l'Europe seules, mais pour le monde entier. Il semble même que, chez les nations que l'on est convenu d'appeler « ci-

vilisées » ou « occidentales », un développement progressif et simultané ait eu lieu, tout
au cours du XVIIIᵉ siècle, et que les mouvements intenses dont il se composait aient con-
vergé vers ce fameux point, vers cette époque décisive, où devait, en France du moins,
éclater le soulèvement des idées modernes
contre les préjugés antiques, de l'avenir
contre le passé, de la liberté raisonnable
contre l'autorité absolue.

Qu'on ne recherche pas dans l'histoire
antérieure à notre Révolution un exemple d'un fait social de pareille importance :
car celui-là est unique, n'ayant pu se pro-
duire que dans un milieu déterminé, — au
sein d'agrégations humaines préparées à cette
catastrophe par le travail des siècles, — chez
des peuples surexcités par de longues souffrances, — après la naissance de philosophes
et de penseurs dont les écrits, répandus jusque dans les plus petites villes, eussent sou-
levé les cœurs et les esprits abrutis par le
pouvoir monarchique ou théocratique.

L'histoire des origines de la Révolution,
c'est l'histoire de l'homme.

L'homme n'est pas un « ange déchu »
tombé des cieux. Quels qu'aient été les stages progressifs à travers lesquels il a évolué
du sein de la nature, il reste certain — et la
science le démontre avec une évidence sans
cesse grandissante — qu'à un moment donné
peu important à préciser ici parce qu'il a été
différent pour chaque groupe de nos ancêtres

primitifs, il est certain qu'à ce moment quelconque les hommes erraient seuls et sauvages et que par conséquent « l'état de nature » n'est ni un mythe, ni une légende. Il fallait vivre ; et cette nécessité et ces besoins, qui s'imposaient avec un caractère impérieux, décidaient à eux seuls du progrès ultérieur. Outre les satisfactions alimentaires, plus ou moins difficiles à obtenir selon là force de l'animal — un tel être ne peut encore porter un autre nom, — il y avait aussi dans cet organisme une seconde série de fonctions dont dépend la perpétuation de l'espèce. L'instinct génésique constitua la famille. Ce *modus vivendi*, que nous retrouvons chez tous les dignitaires élevés du règne animal, représenta le prototype de la société. Plus fort, l'homme gardait à ses côtés sa compagne ou ses compagnes ; ou plutôt celles-ci se réfugiaient sous sa protection. Il s'écoula peut-être encore bien des siècles avant que, dans ses chasses et ses luttes pour l'existence contre la nature et les autres êtres, rencontrant quelquefois ses semblables, il éprouvât envers eux soit un sentiment de répulsion soit un sentiment de rapprochement, causés presque toujours : l'un par la crainte du plus fort, l'autre par des secours réciproquement prêtés.

Une première réunion de familles existait donc, avec plus ou moins de consistance et à des époques diverses suivant les régions.

Mais à propos d'une semblable association et parmi ses membres peut-il être question de la liberté, telle que nous la comprenons aujourd'hui ? Assurément, non : car elle était à naître; elle faisait ses stages embryonnaires.

Le troupeau se transforma rapidement. Sous l'influence du climat et du milieu tant organique qu'inorganique, et par suite des différences de constitutions ou d'aptitudes individuelles, les occupations se différencièrent de jour en jour : naissance de la division du travail. L'homme soutenait ses femmes et ses enfants, et sa nature *primitivement* brutale faisait peut-être déjà de ceux-ci sa première propriété. En tous cas, les plus forts défendaient les chétifs en les opprimant. Bientôt le plus fort domina parmi les plus forts : telle fut l'origine du pouvoir militaire. D'autre part, se fondait l'autorité sacerdodale, sur l'anthropomorphisme et la crainte susperstitieuse des phénomènes naturels mal expliqués, sur les images qui s'offrent à l'esprit dans les rêves, etc.
Dès lors, mais encore à des espaces de temps et à des époques divers, trois états de l'humanité alternant entre eux et se combinant de toutes manières : *anarchie*, vie errante ou de pauvreté, et lutte incessante, — règne de la force armée ou domination de la caste *militaire*,—puissance de la ruse ou avénement des « *médecins* », sorciers devins et prêtres ; bref : état sauvage, militarisme, théocratie. Ajoutons que ces phases de développement social se produisirent suivant certaine succession variable, et plus ou

moins simultanément dans de mêmes contrées. Avec des formes de gouvernement aussi jeunes, aussi rudimentaires, le nombre des chefs passait par toutes les valeurs, depuis l'unité — système monarchique, — jusqu'à la somme de tous les membres de la collectivité — système démocratique, mais peu ressemblant au système moderne, — en traversant des états intermédiaires — l'aristocratie.

Là encore, l'autonomie de l'individu n'apparaît que bien limitée.

Ni les Aryas, nos ancêtres adorateurs du feu ; ni les races, aujourd'hui encore très-inférieures, de l'Afrique et de l'Océanie ; ni les royaumes en formation ou en pleine prospérité de l'Amérique Centrale ; ni les Chinois avec Confucius ; ni les Hindous fanatiques de Brahma ; ni l'Assyrie malgré ses villes fameuses ; ni les Hébreux ; ni les Juifs ; ni la Perse ; ni l'Egypte par le fait de sa subdivision en castes et en dépit de la science vraie ou fausse de ses prêtres, et de l'organisation divisionnaire de la propriété sur les rives du Nil ; ni, quoiqu'on en ait dit, la Grèce des Lycurgue, des Solon et des Démosthène ; ni la Rome soi-disant républicaine ; ni à plus forte raison, le Phénicien ou le Carthaginois navigateur et commerçant ; en un mot aucune nation de l'antiquité esclavagiste ne posséda et ne fut capable de posséder le vrai gouvernement républicain, — gouvernement qui ne pouvait surgir et exister au sein de sociétés non disposées à une organisation corrélative

d'un état intellectuel, politique et économique, nécessairement de beaucoup postérieur :
l'individu ne compte pas, le corps social est
tout.

Un progrès marqué se faisait néanmoins,
tantôt sourd et continu, tantôt par convul-
sions terribles et par secousses. Après
nombre de reculs et nombre d'arrêts, la
civilisation se frayait sa voie. Les invasions
et les déplacements des races nouvelles ve-
nues du Nord ; les immigrations et les émi-
grations qui s'ensuivirent, et d'autres encore ;
la fondation de la Gaule, puis celle de la
France ; de grands empires détruits et créés ;
des annexions et des séparations de territoi-
res ; et au milieu de ces péripéties notre
pays s'unifiant ; les croisades entreprises
pour des motifs futiles et ridicules, mais
causes de graves et lointains effets ; l'Alle-
magne se divisant pour se reformer plusieurs
fois en une agrégation plus ou moins cohé-
rente ; l'Autriche arrivant à la gloire sous
Charles-Quint ; l'Italie occupée, même au
cours de ses guerres intestines et extérieures,
à s'ériger comme le sanctuaire occidental de
l'art et de la poésie ; l'Espagne, qui, lorsqu'elle ne s'en va pas à la dérive, reste non
pas à la remorque du progrès, mais à la tête
de la superstition religieuse ; l'Angleterre
avec son amour pour la monarchie constitu-
tionnelle et un certain libéralisme ; les Turcs
en train de planter leur tente dans le bassin
de la Maritza ; les petits Etats : la Hollande,
puissance maritime et refuge des philosophes

persécutés, la Belgique, la Suisse cantonnale, la malheureuse Pologne mise en lambeaux par ses trois voisins, etc., qui rivalisent de bravoure et d'opiniâtreté afin de se maintenir libres, enserrés qu'ils sont par les grands Etats ; — tous ces mouvements, toutes ces tendances, toutes ces phases du développement européen au moyen-âge et durant la période moderne semblent n'avoir pour direction et pour résultat que la formation, le maintien de collectivités politiques, de nationalités.

Peuples et souverains ont eu généralement peu conscience de ce phénomène bien manifeste en vérité. Encore moins se sont-ils aperçus du travail souterrain qui s'effectuait simultanément.

De même que le pouvoir politique, — le pouvoir religieux, la forme et le fond même des religions régnantes subirent des transformations et des redistributions. Quelle influence eurent celles-ci sur le monde social ? Une grande, sans doute, mais qu'il est difficile de préciser autrement, à moins de dire qu'elles furent, malgré toute amélioration spirituelle, toujours fatales et contraires au progrès. Nous ne croyons plus, en ce siècle, aux bienfaits civilisateurs du christianisme ; et, à l'encontre de la vieille doctrine conciliatrice qui voulait voir dans le Christ le champion de la liberté, de la fraternité et de l'égalité, il a été sérieusement établi que le nouveau dogme n'avait apporté au monde rien de nouveau, et qu'il n'est fait que d'emprunts désastreux et funestes, à toutes les philosophies, à toutes les religions.

« Investi de la direction sociale par la ruine
» même de la civilisation, qui est son crime, il lui
» fallut compter avec la réalité ; il lui fallut conver-
» tir, déguiser en règles de vie pratique, familiale,
» nationale, en institutions politiques, ses principes
» anti-sociaux. De là cette ingérence intolérante et
» fanatique, ces ambitions insensées ; de là cet ac-
» caparement de tous les pouvoirs et de toutes les
» richesses, les perpétuelles contradictions entre les
» préceptes et les actes, ces persécutions hypocrites,
» cette exploitation d'une humanité réduite à l'en-
» fance, et toutes les iniquités de cette loi d'amour;
» de là enfin ce long, ce douloureux chaos, où nous
» demeurons engagés plus qu'à demi-corps. »

(La Philosophie, par André Lefèvre.)

Du protestantisme, de ses sectes les plus
diverses, rien non plus n'est sorti de bon,
d'utile pour les sociétés chez lesquelles il a
pris naissance.

Il ne saurait, en effet être question de
droit humain là où le droit divin tient le haut
du pavé sous n'importe quelle forme que ce
soit. Pour base, l'un a l'autorité, l'autre la
liberté : deux termes absolument contradictoires, dans le sens que leur donnent d'une
part les pontifes et les monarques, d'autre part
les hommes vraiment dignes de leur nom.

Il est de notoriété universelle que la philosophie, c'est-à-dire l'esprit de libre examen
et de libre action, pouvait seule opérer la
transformation considérable que subit le
XVIIIe siècle.

Le monde était donc autorisé à tout
espérer de cette période qui vit Newton, La-
place, Lalande, les grands noms de l'astro-
nomie, — Priestley et Lavoisier, les fondateurs de la chimie, — Linné, Buffon, Lau-

rent de Jussieu, Lamarck le précurseur de Darwin, les naturalistes philosophes.

Déjà, en 1690, Locke produit son *Essai sur le gouvernement civil*, « véritable code des monarchies constitutionnelles » ; Toland écrit le *Christianisme sans mystères* (1695) et le *Pantheisticon*. Huit ans plus tard, Collins, un anglais aussi, publiait un discours hardi sur la *Liberté de penser*, qui lui valait un exil en Hollande ; il ne se découragea pas cependant et continua par ses *Recherches sur la liberté humaine*. Dupuis retrace l'*Histoire des Religions*, livre audacieux. La morale se dégage de la superstition et des dogmes théologiques, sous l'influence de Jérémie Bentham, l'utilitaire. Une science, nouvelle comme la chimie, naît des méditations et des travaux d'observation des Adam Smith, des Turgot, des Quesnay, des physiocrates, etc.. Vico, Montesquieu, Voltaire, Volnay (et plus tard Condorcet), créent la philosophie de l'histoire. Diderot, d'Alembert et leurs amis, Naigeon ou autres, élèvent la colossale Encyclopédie. D'Holbach compose le *Système de la nature* ; Helvétius, l'*Esprit*.

Voilà les principaux précurseurs de la Révolution française. Ce n'est pas ici la place de s'étendre davantage sur eux. Leurs œuvres et leurs noms les défendent d'ailleurs.

Une dernière remarque : trois noms, trois puissances, semblent dominer les autres et former comme le trépied sur lequel se dressera la grande figure de la Révolution : Voltaire, Rousseau, Montesquieu.

Voltaire sape la superstition, au nom du libre examen.

Rousseau tente, par le *Contrat social*, une réforme généreuse, mais mal fondée, dépourvue de vérité politique et de sens économique.

Montesquieu extrait de l'érudition et de l'observation l'*Esprit des lois*. Il s'attache à démontrer l'éternité et l'universalité de la Loi, vraie du monde physique comme du monde intellectuel et social. Sa définition, strictement scientifique, est opposée à celle, purement conventionnelle, qu'a formulée Jean-Jacques. Pour lui, les divers genres de lois sont « des expressions de rapports inhérents à la nature des choses. »

Le premier est le père de la libre-pensée, quoiqu'il n'ait pas dépouillé tout préjugé théologique.

Le second est le père du socialisme moderne : il sacrifie l'individu à la société ; à l'Etat, à la collectivité appartiennent tous les pouvoirs, même celui d'une inquisition spirituelle.

Le troisième est le père de l'individualisme : car Montesquieu met la loi au-dessus de toute atteinte personnelle. Et le suffrage universel ne crée pas, mais indique cette loi.

Ces trois hommes seront les trois propulseurs les plus énergiques du mouvement social qui se prépare. Unis aux idées de leurs contemporains, leurs principes expriment bien le triple caractère de la Révolution française : insurrection contre l'autorité absolue des dogmes et des rites absurdes, —

soulèvement de la masse des citoyens contre le pouvoir oppresseur et les castes privilégiées, — protestation de l'individu, de l'homme, pour ses droits vis-à-vis de l'Etat, envers lequel il ne se connaît encore que des devoirs.

La production accrue par les premières machines, la circulation facilitée par de nouvelles voies navigables et continentales, la consommation suivant une marche ascendante grâce à l'augmentation des besoins et désirs personnels, ont élevé la somme de travail et de richesse. Mais la misère subsiste toujours : car tous droits sont aux classes de la noblesse et du clergé ; toutes charges incombent au peuple, et certes elles sont dures, elles sont écrasantes.

Après la situation économique, voyez la situation politique. Depuis longtemps, fermente dans les cœurs l'amour de la pensée libre. La pensée libre engendre la revendication de la liberté politique. Comme la royauté a absorbé la féodalité, plus homogène est devenu le corps national : les unités qui le composent sont maintenant unies les unes aux autres par une connexion, une dépendanee supérieures ; et dans cette dépendance elles puisent plus de forces.

On pouvait alors, en 1789, sentir que le citoyen, ainsi que le pays, étaient mûrs pour la liberté ; et l'on peut affirmer aujourd'hui que, si elle n'était venue, après Louis XIV, Louis XV, Louis XVI, pour régénérer la France civile, politique, financière, commer ciale, industrielle et agricole, la France serait morte à jamais.

Mais, partout à la surface du globe, l'évolution règne en souveraine ; et — signe caractéristique — d'heure en heure, malgré des révolutions et des retours, l'individu voit son autonomie s'étendre et les holocaustes à la nécessité sociale diminuer progressivement ; déjà un nivellement insensible s'était effectué.Nombre d'apôtres avaient succombé, on avait vu des utopistes décriés et maudits. Soudain, l'utopie frappe comme un éclair les sociétés modernes. Il semble que les penseurs de l'Europe se soient visités les uns les autres. Les idées se sont identifiées : il en est résulté des sentiments communs ; longtemps contenus, ces sentiments ont éclaté tout-à-coup. La chose était fatale. Et de cette lente évolution, élaborée par une longue suite de siècles, est sortie une Révolution.

Telle a été la résultante du travail continu, du « *labor improbus* » de ces infusoires appelés les individus et qui, malgré le petit rôle apparent que leur faisaient jouer seigneurs, souverains, podestats, pontifes et marabouts, sont, à travers les âges, arrivés à construire — comme les madrépores, les *attolls* de l'Océanie — cet immense édifice nommé la société humaine, dont le plus bel étage, toujours en voie de rénovation, est la société française. Pareille organisation est héréditaire. A l'éducation nouvelle de continuer à lui frayer la route. Avec quelle facilité ne trouve-t-on pas, d'ailleurs, le criterium de la direction à prendre. L'histoire nous l'offre : à chaque mouvement du pendule qui s'est fait entendre dans le passé, la liberté d'action de l'individu par rapport au pouvoir central et à ses concitoyens, par suite le respect et l'amour mutuels professés par chaque membre de la cité et de la nation, et comme condition *sine quâ non* le développement de la prospérité économique et de la santé morale et intellectuelle, ont progressé autant au point de vue individuel qu'au point de vue social.

De sorte qu'une définition d'un objet de nature aussi indéfini que la liberté devient tout à fait possible. Par les temps où celle-ci est si *jésuitiquement* interprétée, cette définition devient même nécessaire : la liberté, sous toutes ses formes, sera donc, pour l'individu, la faculté d'exercer une somme de droits positifs ou négatifs strictement égale, *sans plus ni moins*, à celle des droits excercés par tout autre citoyen. A ces droits correspond un nombre écrasants de devoirs ; droits et devoirs sont susceptibles de toutes variations parallèles suivant le degré de perfection sociale, mais leur égalité persiste. La liberté suppose l'égalité. Inutile d'ajouter que cette définition implique la réduction progressive des freins qui compriment l'essor de la liberté individuelle, c'est-à-dire le rétrécissement de la sphère d'action de l'Etat.

L'individu est le but, l'état social la condition, la science philosophique ou plutôt la philosophie scientifique le moyen : trois faces du même problème. Au-dessus plane la Loi, éternelle directrice des événements, universelle expression des rapports inhérents à la nature des choses : cette idée constitue la plus belle conquête de la Révolution.

La Révolution, c'est l'humanité prenant conscience d'elle-même.

Bien-être physique, liberté maxima dans l'agrégation, vigueur intellectuelle et morale, ainsi s'énoncent les trois résultats à atteindre, — résultats l'un à l'autre identiques. 89 les a indiqués aux générations futures.

La liberté absolue n'existe nulle part ni en aucun temps ; c'est un état dont chaque jour nous rapproche. Ne regardons pas derrière nous, comme fit Rousseau, pour pleurer une liberté qui oncques n'exista avant l'origine des sociétés et que, par conséquent, les hommes ne purent abdiquer, de gré ou de force. Mais portons en avant nos yeux éclairés par la lumière de la science ; et marchons, non imbus d'un scepticisme dédaigneux de ce qui adviendra, mais l'âme remplie d'une ardente foi à un progrès lent peut-être, mais à coup sûr inéluctable. Que, dans les moments de crise, cette pensée soit notre consolation, notre espérance et toujours notre drapeau. On sait ce que la foi religieuse a valu au christianisme. L'avenir montrera quel secours la foi dans l'Humanité doit apporter à la République et aux républicains : elle est fondée sur la Science.

LA RÉVOLUTION FRANÇAISE

La longueur de notre exorde prend son excuse dans le dessein que nous avions de montrer comment la Révolution se relie à l'histoire antérieure. Evolution et Révolution ne sont pas deux termes antithétiques ou contradictoires : l'une rentre dans l'autre qu'elle explique. Dire que l'évolution universelle, comme l'évolution humaine, se compose d'actions, que l'on appelle « révolutions » et de réactions ou « contre-révolutions », n'est pas émettre une vérité nouvelle ; mais on ne saurait trop insister sur cet ordre de succession dans des événements sociaux de la grandeur de ceux qui marquent la fin du XVIII° siècle. Nous avons à cœur de combattre les préjugés de toute nature à cet égard.

Passionnée pour les causes généreuses, la France venait de coopérer à la fondation des Etats-Unis, à l'émancipation des colons américains : et elle n'avait pas encore songé à elle-même. Son heure pourtant devait bientôt sonner. Sous les régimes précédents, la misère surexcita plus d'une fois à son paroxysme l'impatience populaire. La banqueroute de nouveau imminente, et la soif de la liberté que ravivaient quotidiennement les audaces des privilégiés, le luxe insolent de la cour, et la quiétude du roi, suffirent à précipiter hommes et choses.

Le 5 mai 1789, se réunissent les Etats

Généraux. « Ils vont combler le déficit, payer les dettes du royaume, nous permettre d'en contracter de nouvelles, et retourner chez eux. » Telle est l'espérance plus ou moins secrète de l'entourage royal. Telle n'est point la volonté de l'Assemblée.

On peut prévoir que la lutte sera longue. Les élections, d'ailleurs, ont été pleines de péripéties et d'agitations, en Provence surtout. Au premier rang du Tiers Etat, marche le noble comte de Mirabeau, l'orateur tantôt fougueux, tantôt froid, mais toujours procédant avec calcul. Dans sa fameuse interrogation : « Qu'est-ce que le Tiers-Etat ?.— La nation. — Qu'est-il ? — Rien. — Que doit-il être ? Tout. » Sieyés, en définitive, répondait : « l'Etat, c'est nous. » Mirabeau veut qu'on dise de lui : « L'Assemblée des Etats Généraux, c'est moi. » Lui seul, en effet, voit peut-être à quel rivage le courant porte le pays. Lui seul, se sent de force à sauver la monarchie. Car, il faut le reconnaître, les députés sont encore foncièrement royalistes.

Voyez plutôt les Cahiers. Tous veulent que la Constitution consacre l'hérédité de la couronne, le gouvernement monarchique, et remette au roi le pouvoir exécutif, aux Etats le pouvoir législatif. Il est vrai que les trois ordres tombent aussi d'accord pour réclamer une déclaration des droits du citoyen, la liberté individuelle, l'abolition des lettres de cachet, le respect de la propriété, l'égalité civile, des réformes judiciaires et administratives, la liberté du commerce et de l'industrie, la suppression des priviléges féodaux, etc., (1).

Pas n'est besoin ici de comparer entre elles les revendications des trois ordres, de mettre en relief leurs similitudes nombreuses et leurs rares, mais très-importantes différences, ni de les opposer aux concessions que fit le 27 décembre 1788, dans le « fameux *résultat du conseil* », Louis XVI par l'entremise de Necker. Contentons - nous de noter une tendance intime, capitale qui se révèle chez toutes ces demandes : l'unanime désir de voir reconnaître hautement et en tête de la Constitution le principe de la liberté individuelle avec ses conséquences dernières.

Un des publicistes de 89, Servan, avocat général au Parlement de Grenoble, écrivait alors : « Toute prison n'a qu'une clef, et cette clef, c'est la loi. »

« La liberté, disaient dans leurs Cahiers le Tiers et la Noblesse, la liberté est la loi naturelle de l'homme ; la loi civile ne la crée pas, elle l'assure. »

D'où, comme conclusion inévitable aux

(1) Quant aux couvents, qui en 1789 étaient peu populaires en France et *dont l'opinion publique demandait la suppression*, le clergé n'y touche que d'une main délicate, tout en insistant sur la nécessité d'y rétablir la discipline. Plusieurs cahiers demandent *que dans les riches communautés on établisse des hôpitaux pour les pauvres malades*. Au fond on sent que la cause des couvents est à peu près abandonnée. (Laboulaye, cours de *Législation comparée*, fait en 1869 au Collége de France.)

yeux des trois ordres, — plus de prisons d'Etat ; que toutes soient détruites, à commencer par la Bastille. « Depuis l'anecdote si populaire de Latude, lisons-nous dans Henri Martin, la Bastille apparaissait comme la personnification du despotisme. »

Voilà quelle était la théorie fondamentale. Mais quelle fut la mise en pratique ?

Immédiatement après la première séance des Etats, la discussion éclata. Noblesse et clergé rejetaient à propos du vote, ces principes d'égalité et du droit individuel, pour y substituer leurs préjugés de caste : les privilégiés voulaient voter par ordre et non par tête.

A bout de patience, les Communes se déclarent Assemblée Nationale, le 17 juin, (et Constituante le 9 juillet) : ce qui amène la réunion d'un certain nombre de membres du clergé.

Cependant la Cour poussait le roi à la résistance. Le 20 juin, Bailly, président du Tiers, trouve la porte des Etats fermée. On va se réunir dans une salle du Jeu de Paume ; et « là, entre des murs sombres et nus, sans appareil, sans sièges, les députés font le serment de ne point se séparer avant d'avoir donné une Constitution à la France. » — (Duruy, *Hist. de France.*)

La séance royale du 23 juin met le feu aux poudres. Une arrogante sommation faite par le marquis de Brézé, grand-maître des cérémonies, de la part de Louis XVI, attire à l'un et à l'autre la célèbre apostrophe de Mirabeau qui est dans toutes les mémoires. C'est alors que l'Assemblée, à cet attentat contre ses pouvoirs délibératifs et individuel, répond en se déclarant inviolable, elle et ses membres. Bientôt le roi est forcé, malgré la Cour, d'ordonner lui-même la fusion des trois ordres. La noblesse et les dignitaires du clergé non encore ralliés obéissent.

Mais, à Paris, où toutes ces luttes ont leur écho, l'effervescence s'accroît chaque jour. Sous de faux prétextes, 30,000 hommes de troupes, comprenant plusieurs régiments étrangers, campent autour de Versailles et de la capitale. Voici qu'un incident populaire hâte la catastrophe : le colonel des Gardes-Françaises ayant fait enfermer à l'Abbaye, onze soldats de cette arme, coupables d'avoir fraternisé avec les parisiens, ceux-ci les délivrent.

Intervention de l'Assemblée, qui obtient du roi leur grâce sous condition, mais demande le renvoi des troupes ; réponse évasive de Louis XVI.

Par contre, le même jour, 11 juillet, M. de Breteuil, un des ministres, arrache à celui-ci le renvoi de Necker.

Son entourage de courtisans venait de perdre à jamais le paterne serrurier qui occupait le trône de France.

PRISE DE LA BASTILLE

« Le 12 juillet, (1) au matin, quand la nouvelle du renvoi de Necker arriva au Palais-Royal, on n'y voulut pas croire ; le premier qui l'apporta, vers midi, faillit être noyé dans les bassins du cirque, comme porteur de fausses nouvelles. Vers 3 heures, Camille Desmoulins sort du café de Foy, un pistolet au poing, et monte sur une table. « Citoyens, s'écrie-t-il, il n'y a pas un moment à perdre, j'arrive de Versailles, M. Necker est renvoyé ; ce renvoi est le tocsin d'une Saint-Barthélemy de patriotes. Ce soir, tous les bataillons suisses et allemands sortiront du Champ-de-Mars pour nous égorger. Il ne nous reste qu'une ressource, c'est de courir aux armes et de prendre des cocardes pour nous reconnaître.

En disant ces mots, Camille Desmoulins arrache une feuille d'arbre et la met à son chapeau ; tout le monde l'imite, et la cocarde verte devient le signal de ralliement. Au même instant, et quoique ce fût un dimanche, on fait fermer tous les théâtres petits et grands. Des hommes armés de bâtons ferrés, de haches, de fusils, de pistolets, promènent couverts de crêpe en signe de deuil, le buste du duc d'Orléans et celui de Necker, qu'ils ont été prendre dans le cabinet de Curtius. Attaqué dans la rue Saint-Honoré par un détachement du *Royal-Allemand*, le cortége se dissipe, après avoir perdu 3 hommes. On crie dans les rues : « Fermez vos fenêtres, on pille, on brûle, on s'égorge dans tout Paris. » En même temps, on incendie les barrières.... Sur la place Louis XV, le prince de Lambesc fait charger son régiment et poursuit la foule jusque dans les jardins des Tuileries......

Le soir même, à 9 heures, les gardes françaises sortent de leurs casernes, malgré leurs officiers, se rassemblent sur les boulevards, attaquent un déta-

(1) Laboulaye, *Cours de législ. comp.*, au Collége de France, 26 juin 1869.

chement du Royal-Allemand à la hauteur de l'hôtle
Montmorency, à la place où s'élève aujourd'hui l'é-
glise de la Madeleine, et lui tuent 3 cavaliers.

A onze heures. ils se rendent sur la place du Palais-
Royal, au nombre de douze cents, et, sans officiers
et sans artillerie, annoncent qu'ils vont se porter
sur la place Louis XV pour en chasser les régiments
étrangers. Le peuple les reçoit avec acclamations,
ils répondent par le cri de : Vive le Tiers Etat ! Le
gamin de Paris est là, toujours prêt à risquer sa peau
quand il y a des coups de fusil à donner ou à rece-
voir. Ils marchent devant la troupe, portant gaie-
ment des flambeaux et des lanternes. Heureuse-
ment les troupes ne sont plus sur la place ; Bézenval,
qui les commande, les a fait retirer sur Versailles ;
il a craint le contact du peuple avec des soldats dont
la fidélité est fort ébranlée. »

. . . .
« Pendant ces mouvements tumultueux (1), l'Assemblée faisait, pour le rappel de Necker, des efforts
que Louis XVI repoussa. Le comte de Virieu de-
manda qu'en ce moment de grave péril les députés renouvelassent le serment du 20 juin; et quelques
nobles hésitants : « L'adhésion est unanime, s'écria
Mathieu de Montmorency ». « La Constitution sera,
dit le comte de Clermont-Tonnerre, ou nous ne
serons plus. » Et, en même temps, ils envoyaient
une adresse au roi pour demander l'éloignement
des troupes. Cette fermeté honorait l'Assemblée.

A Paris, on allait plus vite, et plus loin. Il y avait
alors comme une municipalité nouvelle, formée
par des électeurs, qui remplaçait l'ancienne dans la
confiance populaire. Ces électeurs étaient des citoyens, quelques-uns fort considérables, qui, l'élec-
tion de Paris terminée, avaient continué de se réunir et avaient même obtenu une salle commune à
l'Hôtel-de-Ville. Là, sans mandat, sans titre, mais
avec une autorité à laquelle la ville entière obéis-
sait, ils se constituèrent, le 13 juillet, en pouvoir
régulier. Le peuple demandait à grands cris des
armes, afin de pouvoir se défendre contre l'attaque
probable des troupes. Les électeurs décidèrent qu'il

(1) Duruy. *Hist. de France.*

serait formé une garde bourgeoise, d'abord de 200 et bientôt de 400 hommes par chacun des 65 districts (1). Mais il fallait des armes. Toute la journée se passa à en demander au prévôt des marchands, Flesselles, qui, pour gagner du temps, deux fois en promit et deux fois trompa le peuple, amassant ainsi sur sa tête d'inexorables colères. On fabriqua 50,000 piques en 36 heures, on enleva de l'hôtel des Invalides 30,000 fusils, des sabres, des canons...... Les Parisiens étaient maîtres de leur ville où s'élevait la sombre forteresse tant de fois maudite. *A la Bastille!* devint le cri général. »

« La Bastille (2) s'élevait à l'extrémité de la rue Saint-Antoine et du boulevard. Forteresse, prison, tombeau, elle se composait de huit grosses tours que liaient entre elles d'épais massifs de maçonnerie et qu'un large fossé entourait. Elle avait été commencée en 1369, sous Charles V. Or, par un destin semblable à celui d'Enguerrand de Marigny qui, inventeur des fourches patibulaires de Montfaucon, les illustra de son cadavre, Hugues Aubriot, fondateur de la Bastille, fut des premiers à y gémir.

L'aspect de ces lieux était effroyable, et le génie du mal semblait s'être épuisé à en défendre les approches. La *cour du gouvernement*, ainsi nommée parce que le gouverneur

(1) On avait d'abord songé à prendre la cocarde verte. dit M. Laboulaye loc. cit., mais c'était la couleur du comte d'Artois ; on prit la couleur de la ville : bleu et rouge ; on y joignit bientôt le blanc, couleur du drapeau national (ou plutôt de la royauté). Telle est l'origine de notre cocarde tricolore.

(2) Tout le récit suivant est extrait de la belle *Hist. de la Révol. franç.*, de M. Louis Blanc.

y avait son hôtel, se trouvait située en dehors
de la forteresse, en dehors du fossé princi-
pal ; et cependant, même pour arriver jusqu'à
cette cour extérieure, il fallait percer deux
lignes de sentinelles, traverser deux corps de
garde, passer un pont-levis. De la *cour du
gouvernement*, une longue avenue conduisait au fossé de la Bastille. Là, un second
pont-levis ; derrière, un troisième corps de
garde ; puis, une forte barrière à claire-voie,
formée de poutrelles revêtues de fer. Alors
apparaissait la *cour intérieure*, celle où
plongeaient les tours, celle où l'on étouffait
entre de hautes murailles. La nudité et le
silence en étaient horribles. Seulement, l'hor-
loge de la prison y comptait lentement les
heures sur un cadran qu'ornaient deux figu-
res enchaînées. C'était dans cette morne en-
ceinte que descendait toujours seul, le prisonnier auquel on avait permis d'y venir
durant quelques instants contempler la course
des nuages ou un coin de l'azur.

On raconte que Caligula disait à ses bourreaux : « Frappez de manière à ce qu'on se
sente mourir » ; on se sentait mourir à la
Bastille. Un soupirail, pratiqué dans des
murs de dix ou douze pieds d'épaisseur et
fermé par trois grilles à barreaux croisés, ne
transmettait à la plupart des chambres que
ce qu'il faut de lumière pour qu'on en re-
grette l'absence.

. . . .

Mais rien de comparable aux cachots du
bas, affreux repaire de crapauds, de lézards,
de rats monstrueux, d'araignées. De ces ca-

chots, dont l'ameublement consistait en une énorme pierre recouverte d'un peu de paille et qui étaient enfoncés de dix-neuf pieds au-dessous du niveau de la cour, plusieurs n'avaient d'autre ouverture qu'une barbacane donnant sur le fossé où se dégorgeait le grand égoût de la rue Saint-Antoine. De sorte qu'on y respirait un air empesté, en compagnie d'animaux hideux, au sein des ténèbres.

Là fut livré aux tourmenteurs ce Mazas de Latude, qui expia par 35 ans de captivité le crime d'avoir, dans l'âge des étourderies, dénoncé à madame de Pompadour un complot imaginaire. Qui ne connaît la merveilleuse histoire de ce prisonnier ? Toute l'Europe a su comment, après une première évasion dont trop de confiance lui enleva le fruit, il parvint à construire avec des chemises et des mouchoirs effilés une échelle de 180 pieds de long ; comment, suivi par son compagnon d'Alègre, il descendit du haut des tours, au plus épais de la nuit ; comment il perça, ayant de l'eau jusqu'à la ceinture et les sentinelles à quatre toises de lui, la muraille qui séparait le fossé de la Bastille du fossé de la porte Saint-Antoine ; comment, enfin, poursuivi au-delà des frontières, ressaisi à Amsterdam, il perdit sa liberté, reconquise à force d'audace, de persévérance, de génie. Ramené à la Bastille, il fut réduit à passer le rigoureux hiver de 1757 les fers aux pieds, les fers aux mains, couché sur la paille. Pendant qu'il dormait, deux meurtrières de 2 pouces 1/2 de large lui soufflaient au visage un vent glacé qui lui ôta presque entièrement la vue ; le froid lui coupa la lèvre supérieure ; ses dents, demeurées à décou-couvert, se fendirent ; la racine des poils de sa barbe fut brûlée ; il devint tout chauve.

Mais qu'étaient-ce que ces souffrances physiques des captifs au prix de leurs douleurs morales, de cette agonie sans limite assignée, sans mesure connue, dont rien ne venait rompre l'écrasante uniformité ! Car, le pont-pont-levis de la cour intérieure une fois franchi, c'en était fait du prisonnier.

. . . .

Encore si, par un coup de désespoir, on avait pu se faire à soi-même son destin ! Mais non : une prévoyance barbare refusait au prisonnier tout moyen de suicide. « On ne laisse à un prisonnier, disait Linguet. ni ciseaux, ni couteau, ni rasoir. Quand on lui sert les aliments que ses larmes arrosent, il faut que le porte-clef lui coupe chaque fois les morceaux. » Mourir de faim, cela même ne se pouvait pas. Latude, étant resté 133 h. sans manger ni boire, ses bourreaux lui ouvrirent la bouche avec des clefs et lui firent par violence avaler de la nourriture : la vie de chaque victime était probablement considérée comme la propriété des persécuteurs, comme leur proie inviolable.

. . . .

Que faisait-on des trépassés ? De quelle manière, selon la belle expression de Linguet, « se vengeait-on sur le corps de la fuite de l'âme ? » Ce qui est certain, c'est que le corps n'était pas rendu aux parents. Il y avait une bastille, même pour les morts. C'était Saint-

Paul, et l'on avait soin de n'inscrire sur le registre mortuaire que les initiales des noms, afin de condamner les victimes à un oubli plus noir encore que celui du tombeau.

Toutefois, parmi les habitants de la Bastille, on en comptait qui, non seulement n'avaient pas été étouffés par elle, mais lui avaient communiqué, au contraire, un grand éclat historique.

. . . .

Biron, Bassompière, Lully, Rohan, de pareils noms disent assez ce qu'avaient de menaçant pour la noblesse l'existence de la Bastille. Aussi les Cahiers des nobles demandaient-ils qu'elle fût détruite. La vérité est que, réservée spécialement aux hommes de la cour, à ceux qui les approchaient, aux gens de lettres, la Bastille était une prison aristocratique. Souvent, lorsqu'on en était sorti, on se vantait d'y avoir été. Les pauvres n'y entraient pas : on les envoyait souffrir à Bicêtre.

Chose éternellement digne de respect, d'admiration, de reconnaissance ! au mois de juillet 1789, le peuple manque de pain, et que demande-t-il ? Des armes. Il peut courir à Bicêtre, et quelle forteresse parle-t-il de renverser ? La Bastille. C'est qu'il est dans la vie des grands peuples, comme dans celle des grands hommes, des moments d'inspiration souveraine. Ces rudes artisans, ces hôtes incultes des faubourgs, un instinct d'essence divine les avertit qu'à eux aussi appartenait la gloire des emportements chevaleresques ; que le premier des privilèges à anéantir c'était celui qui se montrait associé à des tortures, et que la liberté devait s'annoncer par un acte conforme à son génie, c'est-à-dire par un bienfait accordé à ses ennemis. Oui, des plébéiens mettant au nombre de leurs préoccupations les plus ardentes la destruction d'une prison patricienne, voilà ce qui n'a pas été assez remarqué et ce qui entoure d'une immortelle splendeur les premiers coups que la Révolution vint frapper.

M. Michelet écrit de même :

« Et qu'est-ce que la Bastille faisait à ce peuple ? Les hommes du peuple n'y entrèrent presque jamais...... Mais la justice lui parlait, et une voix qui plus fortement encore parle au cœur, la voix de l'humanité et de la miséricorde ; cette voix douce qui semble faible et qui renverse les tours, déjà, depuis dix ans, elle faisait chanceler la Bastille. »

Ecoutons ce que dit plus loin Louis Blanc :

« Or, d'un bout à l'autre de Paris on se préparait au combat. « A la Bastille ! » était le mot d'ordre. Personne qui n'eût à son chapeau la cocarde rouge et bleue. De Saint-Denis s'étaient échappés une foule de soldats, qui, se mêlant aux groupes, distribuaient des cartouches ou enseignaient aux citoyens le maniement du fusil. On regarda passer avec indifférence des voitures chargées de farine ; mais, à la nouvelle qu'un bateau

chargé de poudre avait été pris la veille, les
rues retentirent d'acclamations passionnées.
Du haut des fenêtres, les femmes applaudis-
saient aux gens armés.

Tous ne l'étaient pas encore ; tous brû-
laient de l'être. Dès 2 heures du matin, l'abbé
Lefèvre ayant fait fermer, à l'Hôtel-de-Ville,
la première porte du magasin des poudres,
une multitude impatiente était venue la briser à coups de hache ; et le prêtre intrépide
avait senti ses cheveux effleurés par une
balle. Ce qui restait de poudre fut distribué
en cornets, mais les ressources ne répondaient
ni au nombre des arrivants ni à leur belli-
queuse avidité, que rendaient plus farouche
les fausses nouvelles à chaque instant répan-
dues : « Royal-Allemand s'est mis en ba-
taille à la barrière du Trône. — Royal-Cra-
vate massacre tout au faubourg Saint-Antoine
— La rue de Charonne est pleine de sang.—
Les régiments de Saint-Denis s'avancent ; ils
ont gagné la Chapelle. » Les messagers de
malheur étaient en général des hommes bien
mis. On en remarqua un qui portait un habit
bleu orné de brandebourgs en or ; il était
couvert de poussière, inondé de sueur, et
paraissait avoir fait une longue route. Le
comité de l'Hôtel-de-Ville ayant envoyé l'ordre aux districts de sonner l'alarme, les rues
furent dépavées, des barricades construites ,
des fossés creusés : Paris fut un camp.

. . . .

Il y avait à cette époque, rue des Bouche-
ries du faubourg Saint-Germain, un restau-
rateur nommé Duval, et chez lequel les prin-

cipaux agitateurs du Palais-Royal prenaient leur repas. Tout-à-coup la porte de la salle où étaient dressées les tables s'ouvrant avec fracas, un jeune homme se présente. Il avait le front ruisselant, le chapeau martialement posé sur l'oreille, les vêtcments en lambeaux. C'était Camille Desmoulins qui revenait des Invalides. Il frappe la terre avec la crosse de son fusil en s'écriant : « Nous sommes libres ! » fait un rapide récit de ce qu'il vient de voir ; et tous ils courent à leur amis du Palais-Royal pour les pousser contre la Bastille.

Le gouverneur de cette forteresse travaillait déjà depuis plusieurs jours à des préparatifs de défense.

. . . . . 15 pièces de canon bordant les tours, 3 pièces de campagne placées dans la cour intérieure vis-à-vis de la porte d'entrée, 400 biscaïens, 14 coffrets de boulets, sabotis, 3,000 cartouches, tel était le matériel de la défense. Il est vrai que la garnison n'étatt approvisionnée ni de vivres ni d'eau ; mais que le peuple triomphât ou non, le siège bien évidemment ne pouvait être de longue durée. Il est vrai encore que la garnison n'était que de 114 hommes, dont 32 Suisses du régiment de Salismade et 82 |invalides ; mais, forte comme l'était, la Bastille n'avait pas besoin d'un plus grand nombre de défenseurs. »

Les négociations engagées par le comité de l'Hôtel-de-Ville avec le gouverneur n'aboutirent absolument à rien qu'à constater le parti pris de ce dernier de résister jusqu'à la fin.

« Le siège commença, dit Louis Blanc. La foule était immense, invinciblement irritée. Le chemin tournant, les rues environnantes, les cours faisant suite aux casernes, le faubourg Saint-Antoine regorgeaient d'hommes en armes. Des milliers de voix faisaient monter vers le ciel, à travers le bruit des décharges, ce cri impérieux : « Nous voulons la Bastille ! » Mais, derrière son double fossé, la Bastille paraissait inaccessible. Deux citoyens courageux, Davaune et Dassain, se laissent glisser, du toit d'un parfumeur, sur un mur qui touchait au corps de garde, placé au-delà du premier pont-levis. Arrivés à ce corps de garde, ils sautent dans la cour ; deux anciens soldats, Aubin Bonnemer et Louis Tournay, les imitent ; et tous ils brisent à coups de hache les chaînes qui retenaient le pont. Il tomba si violemment qu'on le vit rebondir de plusieurs pieds de haut. Un homme fut écrasé, un autre meurtri. La foule s'élance en poussant un cri de triomphe.

Mais on n'était encore que dans la cour extérieure, celle du *Gouvernement*. Restait, pour aborder la Bastille, le second pont-levis à franchir. Le peuple y court avec impétuosité, reçoit une décharge de mousqueterie et recule le long de l'Avenue, teinte de son sang. Telle était la confusion que la plupart ignoraient sous quel intrépide effort les chaînes du premier pont s'étaient rompues ; ils crurent que le gouverneur lui-même avait donné l'ordre de l'abaisser, afin d'attirer la multitude et d'en faire un plus facile carnage.

Ce furent d'inexprimables transports de fureur. . . . .

De leur côté les gardes françaises s'étaient ébranlés. Un détachement de grenadiers de la compagnie de Ruffeville, des fusiliers de la compagnie de Dubersac précipitèrent leur marche vers la Bastille, sous la conduite des sergents Wargnier et Labarthe. A côté d'eux s'avançaient 2,000 soldats sans uniforme, soldats de la journée, que conduisait au feu le directeur de la buanderie de la reine, Pierre-Auguste Hullin, en qui l'âme d'un chevalier s'unissait à la taille d'un gladiateur . . . . On prit deux canons qui étaient sur la place dé Grève, et on les traîna au siège.

. . . .

Le canon fut braqué en face du pont-levis dont on espérait briser les chaînes. Quelques coups de canon furent tirés de la place, dont un à mitraille ; mais l'ardeur des assiégeants croissait avec le danger. Au pied de la forteresse se pressaient, confondus dans un même élan, des ouvriers, des marchands, des soldats, des étrangers arrivés de la veille, des prêtres, des femmes. »

Sur ces entrefaites, survinrent, conduits par l'abbé Fauchet, « cerveau faible, cœur puissant », trois électeurs, délégués en parlementaires auprès du gouverneur de la Bastille par le comité de l'Hôtel-de-Ville. « Les Invalides, rangés sur le sommet des tours, ôtèrent leurs chapeaux en signe de paix renversèrent leurs fusils ; mais au même ins

tant, les Suisses, qui occupaient la *cour intérieure*, n'étant pas avertis, firent une décharge meurtrière. . . . .

L'intrépidité du peuple était admirable,
mais plus éclatante que décisive. Nul plan
d'attaque, nulle direction. Seuls, les gardes
françaises observaient quelque discipline ;
la foule ne suivait que les inspirations de son
courage. Aussi la garnison ne se trouvait-
elle avoir perdu qu'un de ses défenseurs
après un combat de 5 heures, tandis que,
parmi les assaillants, il y avait 88 blessés et
83 morts.

Mais une puissance supérieure à celle des
armées planait sur la Bastille. La voix des
canons était venue accabler de Launey de
l'injustice de sa cause, et l'avait précipité du
haut de son confiant orgueil dans une inex-
primable anxiété. Il faut se rendre, lui disaient les Suisses. »

Le gouverneur se rendit ; les ponts s'abais-
sèrent.

« Des incidents sinistres, écrit Henri Martin, attristèrent la victoire du peuple. Dans
l'immense foule armée fermentaient les pas-
sions les plus sauvages à côté des plus généreuses. Une partie des assaillants de la Bastille étaient comme forcenés d'avoir vu tom-
ber à leurs côtés tant de leurs camarades. Le
gouverneur de Launey n'arriva pas jusqu'à
l'Hôtel-de-Ville où on le conduisait prisonnier. Un de ceux qui lui avaient promis la
vie, très-vaillant homme, qui fut depuis le
général Hullin, aidé d'autres braves gens,
fit des efforts inouïs pour le protéger. Ce fut

en vain. De Launey, arraché de leurs mains, fut massacré, et sa tête mise au bout d'une pique. Plusieurs autres officiers et soldats furent tués. Les gardes françaises obtinrent du peuple la grâce du reste de la garnison. L'on apprit, le lendemain, qu'un des malheureux cruellement mis à mort était précisément celui qui avait empêché de Launey de faire sauter la Bastille et le quartier Saint-Antoine. Ce fut une désolation publique. Les femmes des vainqueurs de la Bastille adoptèrent sa famille.

Il y eut encore, ce soir-là, une autre victime, plus considérable que de Launey.

Depuis la veille, le cri public s'était élevé avec une violence croissante contre le prévôt des marchands Flesselles ; il semblait avoir fait tout ce qui dépendait de lui pour retarder et entraver l'armement populaire. Le peuple était convaincu qu'il était d'accord avec la cour et avec le gouverneur de la Bastille. Ses précédents n'étaient pas favorables ; sa conduite avait été fort suspecte lors de l'affaire de Réveillon. Sommé par ceux qui l'accusaient de trahison de venir se justifier devant l'Assemblée populaire du Palais-Royal, il se laissa emmener. Au milieu de la place de Grève, un homme lui cassa la tête d'un coup de pistolet.

Dès les premiers moments de la lutte matérielle, des actes de vengeance implacable furent ainsi mêlés à une foule d'actes de courage et de dévouement. »

Mais qu'avait-on trouvé dans la forteresse, outre ses défenseurs qui avaient mis bas les armes ? Louis Blanc va nous le raconter :

« Cependant, les portes des cachots se sont écroulées sous un généreux effort, les prisonniers sont libres. Hélas ! pour trois d'entre eux, il était trop tard ! Victime, depuis 7 ans, des vengeances inexpliquées d'un père implacable, le premier, qui s'appelait le comte de Solages, ne retrouva ni des parents qui consentissent à le reconnaître, ni ses biens, devenus la proie de collatéraux avides. Le second se nommait Whyte. De quel crime était-il coupable, accusé, soupçonné du moins ? On ne l'a jamais su. Lui, on l'interrogea vainement : à la Bastille, il avait perdu la raison. Le troisième, Tavernier, à l'aspect de ses libérateurs, avait cru voir entrer ses bourreaux et s'était mis en défense : On le détrompa en l'embrassant ; mais le lendemain il fut rencontré errant par la ville et prononçant des paroles étranges : il était fou. »

Dans les archives, il fut découvert une lettre de Latude à madame de Pompadour, lettre déchirante, dit Louis Blanc, dans laquelle on lit cette phrase : « Le 25 de ce mois de septembre (1760), à 4 heures du soir, il y aura cent mille heures que je souffre. » Et l'historien ajoute : L'infortuné, quand il écrivit ces mots terribles, avait encore deux cent mille heures de souffrance à compter !

On eut hâte de faire disparaître la sombre forteresse qui se dressait au milieu de la capitale, menaçant tous les citoyens, grands ou petits, d'aussi longues tortures.

« Le peuple, dit Henri Martin, commença, le soir même, la démolition de la Bastille. Le comité permanent et l'assemblée des électeurs, sanctionnèrent, le lendemain, l'œuvre que le peuple était déjà en train d'exécuter. »

Le 14 juillet 1790

—

FÊTE DE LA FÉDÉRATION

L'année qui s'écoula entre la prise de la Bastille et la fête de la Fédération fut pleine de luttes. Enfin, arriva le moment de la pacification, pacification signée par toute la France dans un élan mémorable.

« Au moyen-âge (1), lors de la fondation des communes, on avait vu çà et là, dans nos villes du nord, des groupes de populations se jurer amitié et fraternité. Cela se revit dans des proportions immenses. Partout se répandit l'idée d'association, de FÉDÉRATION........

(1) *Hist. de France*, par H. Martin.

Les campagnes allèrent aux villes, les villes aux campagnes. Il y eut des fédérations de cantons, puis des fédérations d e provinces ; puis, toutes les provinces se tournant vers le centre, vers Paris, il y eut la Grande Fédération de toute la France. »

Citons celles qui se firent à Luxeuil, dans la plaine de l'Etoile près de Valence, à Montélimart, Valence, Lavoulte, Maubec, Alais, Pontivi, en Franche-Comté, à Dijon, dans le Jura, à Saint-Andéol, en Champagne, Lorraine, Alsace, Normandie, Angoumois, à travers tout le pays de la Loire, à Orléans, Limoges, et le 30 mai à Lyon.

« 50,000 gardes nationaux lyonnais, dit Henri Martin, ou envoyés à Lyon par toutes les villes de l'Est et du Midi, depuis Sarrelouis et Nancy jusqu'à Marseille, s'assemblèrent dans la presqu'île de Perrache, devant un temple de la Concorde, au pied d'une statue colossale de la Liberté, figurée avec le bonnet en tête et la pique à la main.......

Une députation de la Corse, arrivée trop tard, prêta le serment national le lendemain. La Corse, jusque-là rebelle à la conquête, acceptait la réunion dans la liberté.

Ce même lendemain de la fête de Lyon, un journal lyonnais publia, à 60,000 exemplaires, un éloquent récit de cette belle journée, écrit par la main d'une femme. C'était Mme Roland, destinée à tant de renommée et à tant d'infortune. Suivant l'expression d'un grand historien (M. Michelet), les gardes « nationaux des provinces emportèrent avec eux l'inspiration, pour ainsi dire, l'âme de cette femme sublime. »

La fédération de Paris fut grandiose. Il y vint 26,000 délégués de tous les coins de la France. Les préparatifs étant inachevés, 300,000 hommes de tout âge et de toute condition se mirent au travail.

Le 14 juillet, Talleyrand, évêque d'Autun, célébra, entouré de 200 prêtres ceints d'écharpes tricolores, la messe sur l'autel de la patrie, au Champ-de-Mars. Une foule immense affluait dans la capitale.

Devant le peuple, devant toute l'Assemblée, Lafayette, au nom de la garde nationale, prêta le serment civique. Et ce fut d'une voix claire que Louis XVI jura fidélité à la Constitution.

Les fêtes durèrent plusieurs jours; sur l'emplacement de la Bastille, étaient des poteaux où se lisait l'inscription : « Ici l'on danse. »

CONCLUSION

Voilà quelles sont les dates dont cette fête nationale doit raviver le souvenir. Elles apparaissent, nous ne saurions trop le répéter, comme les deux plus belles de l'histoire.

M. Henri Martin a bien exprimé leur caractère, en fixant au 14 juillet 1789 l'origine de la Liberté, au 14 juillet 1790 la fondation de l'Unité française.

La Constituante, qui vit ces grands évènements, sut se maintenir à la hauteur de la transformation qui s'effectuait : pour couronner ses travaux, elle vota un an plus tard, avant de se séparer, une AMNISTIE GÉNÉRALE, et abolit même les lois d'exception applicables aux émigrés. Il n'y eut pas alors de Sénat Jules-Simonien pour marchander l'amnistie.

Il est bon de se rappeler ces nobles actes : car, la tradition de 89 doit rester non comme un mot d'ordre (1), mais comme un enseignement.

(1) « *La Science politique* », revue dirigée par E. Acollas.

Lyon.-- Imp. Ménabœuf-Genin, place Bellecour, 22